Cocina Sin Azúcar

Índice

Notas preliminares. 5

Arrollado de Dulce de Leche y Chocolate. 7
Arrollado de Frutos Rojos. 9
Bizcochuelo de Vainilla. 10
Brownie. 11
Budín de Avellanas. 12
Budín de Frutos Rojos. 13
Budín de Mandarina. 14
Budín de Manzana. 15
Budín de Naranja. 16
Budín Inglés. 17
Budín Marmolado. 18
Carrot Cake. 19
Chese Cake Sin Gluten. 20
Chese Cake de Dulce de Leche Sin Gluten. 22
Cinamon Rolls. 24
Cookies de Manzana. 25
Coquitos. 26
Cupcakes. 27
Flan de Banana. 28
Flan de Coco y Piña. 29
Galletitas de Limón y Chía. 30
Galletitas de Naranja. 31
Granola. 32
Lemon Pie Sin Gluten. 33
Manzanas y Ricota. 35
Merengues. 36
Mermelada de Frutilla. 37
Mousse de Chocolate. 38
Mousse de Durazno. 40
Mousse de Frutilla y Chocolate. 42

Mousse de Maracuyá. 44

Muffin de Arándanos. 46

Muffin de Calabaza. 47

Muffin de Dulce de Leche. 49

New York Cheese Cake. 50

Ojitos. 51

Pan de Banana. 52

Pan Dulce. 53

Pavlova. 54

Stollen. 55

Strudel. 57

Tarta de Chocolate y Almendras. 58

Tarta de Frutos Rojos Sin Gluten. 59

Tarta de Manzana Sin Gluten. 61

Tiramisú. 62

Torta de Arena. 63

Torta de Naranja y Chocolate. 64

Torta de Peras. 66

Torta de Ricota con Salsa de Ciruelas. 67

Trufas. 68

Notas preliminares

Este libro fue creado con el propósito de acercar al lector a diferentes tipos de cocina con recetas simplificadas, pasos concretos y pocos utensilios e ingredientes. Recetas aptas para diabéticos, equilibradas en calorías y carbohidratos.

Encontrarás recetas clásicas, adaptaciones y creaciones en un formato de manual donde el objetivo fundamental es lograr la receta sin dificultades.

Consejos al momento de endulzar

En este libro consideramos la sucralosa o stevia como endulzantes a emplear, igualmente pueden utilizar el que más dominen o les guste.

Es importante endulzar de a poco y de menos a más hasta dominar su utilización, ya que depende de la marca la concentración y potencia al endulzar. Siempre chequear el dulzor dependiendo el edulcorante elegido.

Arrollado de Dulce de Leche y Chocolate

Huevos	6
Sucralosa o stevia	10 g
Leche en polvo	50 g
Fécula de maíz	20 g
Cacao en polvo	30 g
Esencia de vainilla	1 cdta
Dulce de leche sin azúcar	250 g
Leche tibia	100 ml
Chocolate cobertura	120 g
Leche hirviendo	80g

Batir los huevos, la sucralosa y la esencia de vainilla en una batidora a máxima velocidad. Mientras cernir las harinas y el cacao. Cuando el batido esta firme apagar la batidora e incorporar los ingredientes cernidos con movimientos envolventes.

Colocar la preparación en una chapa de horno (aceitada y espolvoreada con fécula de maíz) formando un cuadrado de 40 cm de lado, y hornear a 180º C durante 13 minutos. Retirar y dejar enfriar.

En un bol colocar el dulce de leche y leche e integrar utilizando una espátula. Cubrir el bizcochuelo con el dulce de leche.

Utilizando una espátula o un cuchillo de punta redonda despegar el bizcochuelo de la chapa y enrollar hasta despegarlo por completo. Una vez enrollado llevar a la heladera.

Volcar la leche hirviendo sobre el chocolate picado dentro de un bol y mezclar hasta unificar la preparación. Dejar reposar unos minutos. Bañar el arrollado con la ayuda de una espátula de repostería.

Arrollado de Frutos Rojos

Huevos	6
Sucralosa o stevia	10 g
Leche en polvo	60 g
Fécula de maíz	30 g
Esencia de vainilla	1 cdta
Relleno:	
Frutillas frescas	100g
Arándanos frescos	50g
Frambuesas frescas	50 g
Moras frescas	50 g
Queso blanco bajo en grasas	150 g
Sucralosa o stevia	5 g
Jugo de limón	10 ml
Queso blanco bajo en grasa	150 g
Chocolate blanco sin azúcar	100 g

Batir los huevos con el endulzante y la esencia de vainilla en una batidora a máxima velocidad.Cuando el batido esta firme apagar la batidora e incorporar las harinas cernidas con movimientos envolventes. Colocar la preparación en una chapa de horno (previamente aceitada y enharinada con fécula de maíz) formando un cuadrado de 40 cm de lado. Hornear a 180° C durante 13 minutos. Retirar y dejar enfriar.

Para el relleno, colocar las frutas en un bol, el jugo de limón y el endulzante. Esparcir el queso blanco sobre el bizcochuelo, agregar el 80 % de las frutas. Utilizando una espátula o un cuchillo de punta redonda despegar el bizcochuelo de la chapa y enrollar hasta despegarlo por completo.Llevar a la heladera.

Colocar el chocolate blanco picado en un bol y derretir a baño María. Incorporar al chocolate blanco el queso blanco hasta formar una crema homogénea. Bañar el arrollado con la ayuda de una espátula de repostería.

Agregar el resto de las frutas encima a modo de decoración.

Bizcochuelo de Vainilla

Huevos	6
Claras	2
Harina	80 g
Leche en polvo	35 g
Sucralosa o stevia	5 g
Esencia de vainilla	1 cdta

Batir los huevos, las claras, el endulzante y la vainilla a máxima velocidad hasta que estén firmes.

Incorporar los ingredientes secos previamente cernidos con movimientos suaves y envolventes.

Colocar en una tortera de 20 cm de diámetro previamente aceitada y enharinada.

Cocinar a 180° C durante 25 minutos.

Brownie

Chocolate amargo troceado	125 g
Mantequilla en trozos	125g
Aceite	100 ml
Maltodextrina	200 g
Huevos	3
Sucralosa o stevia	5 g
Esencia de vainilla	2 cdtas
Harina	85 g
Salvado	40 g
Cacao en polvo	50 g

En una cacerola colocar el chocolate y la mantequilla, dejar que se derritan a fuego bajo.

Fuera del fuego agregar la maltodextrina, el endulzante y los huevos. Mezclar e incorporar la esencia de vainilla, la harina, el cacao y mezclar.

Picar las nueces tostadas y agregar en la mezcla.

Colocar en una fuente engrasa y enharinada. Hornear el brownie a 180° C durante 20 minutos.

Budín de Avellanas

Avellanas tostadas	150 g
Sucralosa o stevia	5 g
Sal fina	1 pizca
Miel	20 g
Harina	100 g
Gluten	45 g
Leche en polvo	45 g
Huevo s	3
Aceite	140 g
Chocolate	160 g
Pasta de avellanas	90 g

(avellanas tostadas procesadas)

Colocar los ingredientes secos con 10 g de polvo de hornear y el endulzante, agregar 3 huevos, 90 g de pasta de avellanas, 20 g de miel y 140 g de aceite.

Procesar hasta que emulsione para después colocar en una manga.

Colocar en la base de un molde enmantecado y con papel manteca, una base de la masa.

Hundir avellanas tostadas picadas groseramente.

Completar el molde con la masa y terminar con avellanas tostadas.

Hornear a 180°C por 35 minutos.

Budín de Frutos Rojos

Aceite neutro	100 ml
Sucralosa o stevia	6 g
Huevos	3
Harina	150 g
Fécula de maíz	50 g
Leche en polvo descremada	100 g
Salvado de trigo	25 g
Gluten	50 g
Polvo para hornear	25 g
Esencia de vainilla	cantidad necesaria
Frutos rojos	200 g
Glaseado:	
Maltodextrina	200 g
Jugo de limón	20 ml

Batir el aceite, el endulzante, los huevos, la vainilla y agregar los ingredientes secos previamente cernidos y el polvo para hornear, mezclar hasta que se incorporen bien.

Incorporar a la mezcla frutos rojos a elección, mezclando con espátula.

Colocar en moldes.

Hornear a 180° C durante 25 minutos.

Cubrir el budín de frutos rojos con un glaseado de limón, para ello mezclar en un bol el jugo de limón y la maltodextrina.

Budín de Mandarina

Huevos	4
Aceite	50 ml
Jugo de mandarina	120 ml
Ralladura de	1 mandarina
Harina	100 g
Cacao en polvo	30 g
Gluten	30 g
Leche en polvo descremada	60 g
Polvo de hornear	20 g
Sucralosa o stevia	4 g

En un bol colocar el aceite, el jugo, los huevos, la ralladura y batir a velocidad baja.

Agregar los ingredientes secos cernidos previamente y mezclar hasta integrar los ingredientes.

Colocar en un molde aceitado y enharinado.

Hornear a 180º C durante 25 minutos.

Budín de Manzana

Huevos	4
Aceite	50 ml
Manzana granny smith	200 g
Canela	1 cdta
Harina	130 g
Gluten	30 g
Leche en polvo descremada	60 g
Polvo de hornear	20 g
Salvado	20 g
Coco	15 g
Sucralosa o stevia	4 g

En un bol colocar el aceite, la manzana rallada, los huevos y la canela y batir a velocidad baja.

Agregar los ingredientes secos cernidos previamente y mezclar hasta integrar los ingredientes.

Colocar en un molde aceitado.

Hornear a 180º C durante 25 minutos.

Dejar enfriar en el molde 5 minutos.

Desmoldar y dejar en enfriar sobre una rejilla.

Budín de Naranja

Huevos	4
Aceite neutro	50 ml
Jugo de naranja	120 ml
Ralladura de	1 naranja
Harina	130 g
Gluten	30 g
Leche en polvo descremada	60 g
Polvo de hornear	20 g
Sucralosa o stevia	4 g

En un bol colocar el aceite, el jugo de naranja, los huevos y la ralladura, batir a velocidad mínima.

Agregar los ingredientes secos cernidos previamente y mezclar hasta integrar los ingredientes.

Colocar en un molde aceitado y enharinado.

Hornear a 180° C durante 25 minutos.

Dejar enfriar en molde 3 minutos.

Desmoldar y dejar enfriar sobre una rejilla.

Budín Inglés

Huevos	3
Aceite neutro	50 ml
Leche	70 ml
Harina	130 g
Leche en polvo	60 g
Gluten	30 g
Polvo de hornear	25 g
Esencia de vainilla	1 cdta
Pasas de uva	50 g
Cerezas descarozadas	50 g
Nueces	50 g
Almendras tostadas	50 g
Sucralosa o stevia	4 g

Colocar en un bol el aceite, los huevos, la leche, la esencia de vainilla y mezclar.

Agregar los ingredientes secos previamente cernidos y mezclar hasta lograr integrar todo.

Finalmente incorporar los frutos secos y cerezas.

Verter la preparación en un molde aceitedo y enharinado.

Hornear a 180º C durante 40 minutos.

Dejar enfriar y desmoldar.

Terminar de enfriar sobre una rejilla.

Budín Marmolado

Huevos	4
Aceite	50 ml
Leche	100 ml
Esencia de vainilla	cantidad necesaria
Harina	130 g
Gluten	30 g
Leche en polvo descremada	60 g
Polvo de hornear	20 g
Cacao	30 g
Sucralosa o stevia	4 g

En un bol colocar el aceite, la leche, los huevos y la vainilla, batir a velocidad mínima.

Agregar los ingredientes secos cernidos previamente y mezclar hasta integrar los ingredientes.

Colocar en un molde aceitado y enharinado el 70 % de la preparación, en otro bol disolver el cacao en un poco de agua hasta lograr una consistencia espesa e incorporar a la preparación reservada.

Colocar la parte de chocolate encima de la de vainilla y con un palillo de brochette mover ambas preparaciones para lograr el marmolado.

Hornear a 180º C durante 25 minutos.

Dejar enfriar 3 minutos en el molde.

Desmoldar y dejar enfriar sobre una rejilla.

Carrot Cake

Harina de arroz	60 g
Leche en polvo	100 g
Fécula de maíz	40 g
Polvo de hornear	20 g
Zanahoria rallada	160 g
Huevos	2
Aceite neutro	120 ml
Nuez moscada	1 cdta
Canela en polvo	1 cdta
Jengibre rallado	1 cdta
Sucralosa o stevia	8 g
Frosting:	
Queso crema bajo en grasas	200 g
Aceite de coco	50 g
Sucralosa o stevia	4 g
Ralladura de	1 naranja
Nueces	60 g
Almendras tostadas	60 g
Pasas de uva	60 g
Lascas de coco	45 g

Mezclar en un bol todos los ingredientes hasta integrarlos bien.

Colocar en un molde rectangular de 8 cm x 30 cm x 4 cm.

Hornear a 180º C hasta que pinchando con un palillo el centro salga limpio.

Para el frosting, mezclar el aceite de coco, el queso, el endulzante y la ralladura.

Colocar encima de la torta.

Terminar con los frutos poicados y lascas de coco.

Chese Cake Sin Gluten

Masa:

Harina de arroz	100 g
Fécula de maíz	100 g
Leche en polvo	70 g
Agua fría	80 ml
Aceite	80 ml
Sucralosa o stevia	8 g
Polvo de hornear	1 cdta
Ralladura	1 limón

Relleno:

Queso crema bajo en grasa	400 g
Yogur neutro sin azúcar	250 ml
Claras	4
Crema doble baja en grasas	120 ml
Esencia de vainilla	1 cdta
Gelatina sin sabor	14 g

Cobertura:

Frutillas	200 g
Sucralosa o stevia	4 g
Jugo de limón	10 ml
Gelatina	3 g

Para la masa, unir todos los ingredientes en un bol y amasar hasta formar la masa. Estirar y forrar una tortera de 24 cm de diámetro.

Hornear a 180º C hasta que los bordes estén levemente dorados.

Para el relleno, tirar la gelatina en forma de lluvia sobre el yogur a punto de hervor y revolver con batidor de alambre hasta que se disolver.

Agregar el queso, el endulzante, la ralladura de limón, la esencia de vainilla y mezclar bien.

Batir las claras a punto nieve e incorporar a la crema de queso, por último batir la crema e incorporar a la crema.

Colocar la crema sobre la base horneada dentro del molde y llevar a heladera durante al menos 6 horas.

Para la salsa, licuar los ingredientes y llevarlos a hervor.

Dejar enfriar en la heladera y reservar para salsear el postre.

Chese Cake de Dulce de Leche Sin Gluten

Harina de arroz	100 g
Fécula de maíz	100 g
Leche en polvo	70 g
Agua fría	80 ml
Aceite neutro	70 ml
Sucralosa o stevia	8 g
Polvo de hornear	1 cdta
Esencia de vainilla	1 cdta
Relleno:	
Queso crema bajo en grasa	300 g
Leche descremada	200 ml
Dulce de leche sin azúcar	150 g
Claras	4
Crema doble baja en grasas	120 g
Esencia de vainilla	1 cdta
Gelatina sin sabor	14 g
Cobertura:	
Dulce de leche sin azúcar	150 g
Almendras tostadas picadas	60 g
Chocolate sin azúcar rallado	40 g

Para la masa, unir todos los ingredientes en un bol y amasar hasta formar una masa.

Estirar y forrar una tortera de 24 cm de diámetro.

Hornear a 180º C hasta que los bordes estén levemente dorados.

Para el relleno, tirar la gelatina en forma de lluvia sobre la leche a punto de hervor y revolver con batidor de alambre hasta disolver.

Agregar el queso, el endulzante, el dulce de leche la vainilla y mezclar bien.

Batir las claras a punto nieve e incorporar a la crema, por último batir la crema e incorporar en la preparación anterior.

Colocar el cheese cake sobre la base horneada dentro del molde y llevar a heladera durante al menos 6 horas.

Desmoldar. Decorar con copos de dulce de leche, almendras picadas y chocolate rallado.

Cinamon Rolls

Masa:

Harina de fuerza	200 g
Harina integral	100 g
Gluten	50 g
Avena	50 g
Levadura seca	1 cdta (o 25 gr de levadura fresca)
Agua tibia	50 ml
Leche tibia	100 ml
Aceite neutro	50 g
Huevo	1
Sal	2 pizcas
Stevia o sucralosa	5 g
Extracto de vainilla	1 cdta

Relleno:

Aceite neutro	50 ml
Leche descremada	50 ml
Queso philadelphia light	100 g
Canela	1 cdta
Nuez moscada	1/2 cdta

Glaseado:

Stevia o sucralosa	5 g
Fructosa	20 g
Queso philadelphia light	100 g
Agua caliente	30 ml

Para la masa, mezclar el agua, leche tibia, el endulzante y la levadura, remover y dejar activar la levadura por unos 10 minutos. Colocar en un bol las harinas la pizca de sal, el huevo y los la levadura activada en los ingredientes húmedos. Amasar hasta formar la masa. Dejar leudar en un bol tapado hasta que duplique su volumen.

Estirar la masa formando un rectángulo. Con una espátula esparcir el relleno. Formar un rollo y cortar de grosor deseado.

Llevamos los rolls a un molde rectangular y colocarlos uno al lado del otro, Dejar leudar nuevamente hasta que dupliquen su volumen.

Una vez que duplicaron el volumen llevamos al horno a 180º C hasta que doren.

Sacar del horno los rolls y glaseamos. Dejar enfriar y servimos.

Cookies de Manzana

Manzana granny Smith	500 g
Avena laminada	750 g
Canela	7 g
Sucralosa o stevia	8 g
Aceite	250 ml

Mezclar todos los ingredientes hasta formar la masa.
Dejar descansar 10 minutos.

Estirar sobre la mesa con rodillo y film sobre la masa.

Cortar con corta pasta.

Colocar en chapa de horno y hornear a 150º C durante 25 minutos.

Retirar y dejar enfriar.

Coquitos

Huevos	2
Sucralosa o stevia	4 g
Ralladura de	1 limón
Harina	50 g
Mantequilla derretida	100 g
Coco rallado	100 g

Derretir la mantequilla y añadir en bol junto a los huevos, el endulzante, la ralladura de limón, la harina y el coco rallado.

Mezclar y colocar la mezcla en una manga pastelera con una boquilla rizada.

Hacer coquitos sobre una placa de horno con papel de hornear.

Hornear durante 15 minutos a 180° C.

Cupcakes

Harina de trigo	100 g
Leche en polvo	50 g
Gluten	50g
Salvado de trigo	20 g
Polvo de hornear	10 g
Sal de mesa	2 g
Mantequilla sin sal (a temperatura ambiente)	100 g
Sucralosa o stevia	6 g
Huevos grandes	2
Extracto de vainilla	1 cdta
Leche descremada	120 ml
Frosting:	
Mantequilla sin sal pomada	110 g
Extracto de vainilla	1 cdta
Queso crema bajo en grasas	100 g
Sucralosa o stevia	3 g

Mezclar la mantequilla, los huevos de a uno, la esencia de vainilla y la leche.

Por otro lado cernir los ingredientes secos e incorporar a la preparación.

Llenar una manga y rellenar 12 pirotines hasta 1 cm antes del borde.

Cocinar a 180° C durante 18 minutos.

Para el frosting batir la mantequilla con el queso y el endulzante, dejar enfriar y decorar los cupcakes.

Flan de Banana

Huevos	5
Bananas maduras	2
Coco rallado	30 g
Esencia de vainilla	1 cdta
Sucralosa o stevia	4 g
Leche	400 ml
Leche de coco	100 ml
Caramelo:	
Fructosa	50 g
Agua	40 ml

Licuar la banana, el coco, el endulzante y los huevos.

Poner las leches a hervir.

Colocar en un bol la mezcla de la licuadora y agregar un poco de las leches hirviendo para homogeneizar, mezclar y luego agregar el resto, mezclar hasta integrar todo.

Para el caramelo colocar en una sartén la fructosa, el agua y cocinar hasta que tome color.

Colocar el caramelo en la budinera y la mezcla de flan en la budinera.

Cocinar a baño Maria a 160º C durante 40 minutos.

Dejar enfriar en el horno apagado y luego refrigerar al menos 6 hs.

Flan de Coco y Piña

Caramelo:

Fructosa	60 g
Agua	50 g

Flan:

Queso crema	200 g
Coco rallado	50 g
Huevos	4
Vainilla	1 cdta
Leche descremada	450 ml
Piña madura licuada	100 gs
Sucralosa o stevia	8 g

Hacer un caramelo con la fructosa y el agua. Colocarlo en la budinera.

Hervir la leche, agregar el queso crema y revolver hasta que se disuelva.

Mezclar los huevos, el coco rallado y la piña licuada y agregar a la preparación de la leche. Mezclar e integrar.

Colocar en el molde y hornear a 150° C a baño maría durante unos 55 minutos.

Dejar enfriar en el horno apagado y luego refrigerar al menos 6 hs

Galletitas de Limón y Chía

Jugo de limón	250 ml
Aceite de arroz	250 ml
Avena	400g
Leche en polvo descremada	200 g
Fécula de maíz	200 g
Polvo de hornear	75 g
Semillas de chía	60 g
Ralladura	2 limones
Sucralosa o stevia	6 g

Colocar en un bol los ingredientes húmedos, el endulzante, la ralladura de limón y las semillas de chía.

Luego agregar los ingredientes secos previamente mezclados entre sí.

Remover hasta formar una masa amasable, dejar descansar unos minutos.

Amasar con rodillo utilizando un nylon o papel film encima de la masa para estirarla mejor.

Cortar con corta pasta, colocar en bandejas para horno y cocinar a 140º C durante 45 minutos.

Galletitas de Naranja

Jugo de naranja	250 ml
Aceite de arroz	250 ml
Avena	400 g
Leche en polvo descremada	225 g
Polvo de hornear	25 g
Salvado de trigo	25 g
Ralladura de	2 naranjas
Sucralosa o stevia	6 g

Colocar en un bol los ingredientes húmedos, el endulzante y la ralladura de naranja.

Luego agregar los ingredientes secos previamente mezclados entre sí.

Remover hasta formar una masa amasable, dejar descansar unos minutos.

Amasar con rodillo utilizando un nylon o papel film encima de la masa para estirarla mejor.

Cortar con corta pasta, colocar en bandejas para horno y cocinar a 140° C durante 45 minutos.

Granola

Avena laminada	500 g
Avena arrollada	200 g
Manzana Grany Smith	550 g
Jugo de naranja	100 ml
Sucralosa o stevia	5 g
Nueces	100 g
Almendras	100 g
Semillas de lino	50 g
Semillas de girasol	30 g
Coco rallado	45 g
Aceite de coco	40 g
Copos de maíz	100 g

En un bol colocar la manzana rallada con cáscara, el jugo de naranja, el endulzante, el aceite de coco y la avena.

Mezclar con movimientos envolventes integrando los ingredientes sin apretar.

Incorporar le resto de los ingredientes, mezclar y llevar al horno a 80° C durante 15 minutos.

Luego girar 180° la bandeja y cocinar 15 minutos más.

Si todavía está húmeda cocinar 10 minutos más sin dejar que se queme.

Dejar enfriar y guardar en frascos herméticos.

Lemon Pie Sin Gluten

Masa:

Harina de arroz	100 g
Fécula de maíz	100 g
Leche descremada en polvo	70 g
Agua fría	80 ml
Aceite	70 ml
Sucralosa o stevia	8g
Polvo de hornear	5g
Ralladura	1 limón

Relleno:

Yemas	6
Claras	8
Jugo de limón	160 ml
Ralladura	1 limón
Gelatina sin sabor	14 g

Cobertura:

Crema de leche baja en grasas	200 g
Sucralosa o stevia	4 g

Para la masa, unir todos los ingredientes en un bol y amasar hasta formar una masa.

Estirar y forrar una tortera de 24 cm de diámetro haciendo un borde de 4 cm de alto.

Hornear a 180º C hasta que los bordes estén levemente dorados.

Para el relleno, colocar las yemas, la mitad del endulzante y el jugo de limón en un bol de acero inoxidable.

Llevar a baño María y batir con batidor de alambre hasta que comience a espesar.

Retirar del fuego y agregar la gelatina en forma de lluvia sin dejar de batir para disolverla por completo. Una vez disuelta agregar la ralladura de limón.

En un bol de batidora batir las claras hasta que estén bien firmes, antes de apagar la batidora agregar la otra mitad del endulzante.

Incorporar las claras a la crema de limón con movimientos envolventes.

Colocar la crema resultante en la tortera. Llevar el postre al freezer durante 30 minutos y luego dejarlo en la heladera.

Cuando está firme decorarlo con la crema batida.

Para desmoldarlo utilizar una cuchilla húmeda

Manzanas y Ricota

Ricotta descremada	500 g
Claras	4
Ralladura de limón	1 cdta
Esencia de vainilla	1 cdta
Sucralosa o stevia	4 g
Leche descremada	225 ml
Fécula de maíz	1 cda
Cobertura:	
Mazana granny smith	900 g
Pasas de uva	45 g
Canela	a gusto
Sucralosa o stevia	2 g
Avena	4 cdas

Para la ricota, colocar en un bol la ricotta desgranada y el resto de los ingredientes. Procesar con un mixer hasta conseguir una pasta cremosa.

Colocar en una placa para horno rectangular apenas aceitada. Deben quedar unos centímetros de margen para luego agregar las manzanas cocidas. Cocinar a 145 °C durante 20 minutos.

Por otro lado cocinar las manzanas previamente cortada en cubos hasta que estén blandas.

Retirar del fuego y procesar con un mixer hasta lograr un puré rústico (no importa si quedan pequeños trozos). Agregar las pasas de uva, la canela y el resto de la sucralosa.

Para el armado, volcar las manzanas sobre la ricota cocida (dentro de la placa). Refrigerar por 2 hs. Colocar la avena sobre las manzanas. Cortar en cuadrados

Merengues

Claras	200 g
Maltodextrina	150 g
Polidextrosa	25 g
Frutosa	25 g
Sucralosa o stevia	5 g
Esencia de vainilla	1 cdta

Batir las claras con la maltodextrina y el endulzante a máxima velocidad hasta que queden firmes.

Antes de apagar la batidora agregar la esencia de vainilla y batir 30 segundos más.

Colocar le merengue en una manga con puntero rizado y formar merengues sobre una chapa de horno previamente aceitada.

Cocinar a 60° C hasta que se sequen.

Dejar enfriar y guardar en un frasco hermético.

Mermelada de Frutilla

Frutillas lavadas y cortadas en cuartos	400 g
Fructosa	50 g
Sucralosa o stevia	3 g
Pectina	5 g
Jugo de	1 limón
Semillas de chía	50 g

Colocar todos los ingredientes en una olla menos las semillas de chía.

Cocinar a fuego medio durante 50 minutos.

Dejar enfriar, agregar las semillas de chía, mezclar.

Guardar en heladera.

Mousse de Chocolate

Base:

Leche	50 ml
Aceite	10 ml
Huevos	1
Fécula de maíz	30 g
Leche en polvo	30 g
Polvo de hornear	10 g
Ralladura	½ naranja
Esencia de vainilla	1 cdta
Sucralosa o stevia	2 g

Relleno:

Cacao	60 g
Chocolate cobertura sin azúcar	50 g
Gelatina sin sabor	13 g
Ralladura de	1 naranja
Esencia de vainilla	1 cdta
Claras	4
Queso crema bajo en grasas	120 ml
Agua hirviendo	180 ml
Sucralosa o stevia	6 g

Decoración:

Monedas de chocolate sin azúcar	a gusto
Almendras tostadas	a gusto

Para la base, mezclar todos los ingredientes en un bol y verterlos sobre una tortera desmontable de 22 cm de diámetro.

Hornear a 180° C durante 6 minutos

Retirar del horno y colocar en el freezer.

Para el mousse poner en un bol el cacao, gelatina, chocolate y tirar encima el agua hirviendo.

Con batidor de alambre integrar todos los ingredientes y luego trabajar con espátula.

Agregar la ralladura de naranja, la vainilla y el endulzante.

Batir las claras a nieve e incorporar a la preparación.

Finalmente batir la crema un poco e incorporar a la preparación de chocolate y claras.

Una vez integrado el mousse llevar a la tortera y colocar 30 minutos en el freezer y luego 6 horas en la heladera.

Desmoldar y decorar con monedas de chocolate y almendras tostadas.

Mousse de Durazno

Harina	40 g
Leche en polvo	40 g
Gluten	10 g
Polvo de hornear	10 g
Aceite de arroz	10 ml
Sucralosa o stevia	2 g
Esencia de vainilla	1 cda
Agua	70 ml
Relleno:	
Leche descremada	500ml
Huevos	1
Fécula de maíz	30g
Sucralosa o stevia	8 g
Gelatina sin sabor	8 g
Duraznos en conserva sin azúcar licuados	250 g
Duraznos en conserva sin azúcar fileteados	250 g
Crema doble baja en grasas	200 ml

Mezclar todos los ingredientes en un bol con un batidor de alambre hasta formar una base torta homogénea (si está muy seca agregar agua de a poco).

Colocar en un molde de 24 cm de diámetro y hornear a 180º C durante 15 minutos.

Retirar del horno y dejar enfriar en la heladera.

Para el relleno, colocar el huevo, la fécula y el endulzante en un bol y mezclar.

En una olla llevar a hervor la leche.

Cuando la leche hierve agregar una parte en la mezcla del huevo para homogeneizar, luego colocar la preparación del bol en la cacerola y cocinar revolviendo con cuchara de madera hasta que comienza a espesar.

Retirar del fuego y agregar en forma de lluvia la gelatina revolviendo con batidor de alambre para evitar los grumos.

Incorporar el durazno licuado a la mezcla.

Refrigerar unos minutos, cuando empieza a tomar cuerpo incorporar la crema montada.

Verter la preparación en la tortera y llevar a la heladera unos minutos, cuando comienza a solidificar agregar los duraznos fileteados de manera decorativa encima del postre

Mousse de Frutilla y Chocolate

Harina	40 g
Leche en polvo descrremada	60 g
Gluten	10 g
Polvo de hornear	10 g
Aceite de arroz	15 ml
Sucralosa o stevia	3 g
Esencia de vainilla	1/2 cdta
Agua	70 ml
Relleno:	
Frutillas frescas limpias	600 g
Agua	400 ml
Gelatina sin sabor	16 g
Stevia o sucralosa	6 g
Jugo	1 limón
Crema doble baja en grasas	200 g
Cobertura:	
Chocolate cobertura sin azúcar	100 g
Agua hirviendo	50 ml
Frutillas frescas	cantidad necesaria

Para la base, mezclar todos los ingredientes en un bol con batidor de alambre hasta formar una base torta homogénea (si está muy seca agregar agua de a poco).

Engrasar y enharinar un molde de 24 cm de diámetro y hornear el bizcochuelo a 180° C durante 15 minutos.

Retirar del horno y dejar enfriar en la heladera.

Para el relleno, licuar las frutillas, el agua, la gelatina y el endulzante.

Llevar el licuado al fuego y hervir durante 2 minutos revolviendo con batidor de alambre.

Llevar a la heladera hasta que empiece a tomar cuerpo.

Batir la crema e incorporar a la preparación de frutillas.
Agregar el jugo de limón, seguir incorporando y colocar en el molde frío.

Llevar a la heladera hasta que esté firme.

Para la decoración, picar el chocolate, colocarlo en un bol y verter encima de él el agua hirviendo. Remover hasta que se derrita e incorporen los dos ingredientes.

Bañar la superficie y dejar asentar.

Decorar con las frutillas frescas.

Mousse de Maracuyá

Base:

Harina	40 g
Leche en polvo descremada	20 g
Glúten	10 g
Polvo de hornear	10 g
Aceite de arroz	10 ml
Sucralosa o stevia	2 g
Esencia de vainilla	1 cdta
Agua	70 ml

Relleno:

Leche descremada	500 g
Huevo	1
Fécula de maíz	30 g
Sucralosa o stevia	8 g
Gelatina sin sabor	8 g
Jugo de naranja	70 g
Jugo de limón	40 ml
Pulpa de maracuyá	150 ml
Crema doble baja en grasas	200 ml

Cobertura:

Gelatina sin sabor	7 g
Jugo de naranja	50 ml
Jugo de limón	25 ml
Pulpa de maracuyá	50 g
Sucralosa o stevia	4 g

Mezclar todos los ingredientes en un bol con un batidor de alambre hasta formar una base torta homogénea (si está muy seca agregar agua de a poco).

Aceitar y enharinar un molde de 20 cm de diámetro y hornear el bizcochuelo a 180° C durante 15 minutos.

Retirar del horno y dejar enfriar en la heladera.

Para el relleno, colocar en un bol el huevo, la fécula y el endulzante.

Hervir la leche en una cacerola. Cuando la leche hierve agregar a una parte de la mezcla del huevo para homogeneizar, luego colocar la preparación del bol en la cacerola y cocinar revolviendo con cuchara de madera hasta que comienza a espesar.

Retirar del fuego y agregar en forma de lluvia la gelatina revolviendo con batidor de alambre para evitar los grumos.

Agregar la pulpa de maracuyá, el jugo de naranja y limón para bajar la temperatura.

Llevar a la heladera y cuando empieza a tomar cuerpo incorporar la crema montada.

Verter la preparación en la tortera y llevar a la heladera hasta que quede firme.

Para la cobertura, llevar a hervor los jugos y agregar en forma de lluvia la gelatina

Incorporar la pulpa de maracuyá y el endulzante, integrar bien y bañar la superficie del postre.

Muffin de Arándanos

Huevos	4
Aceite	100 ml
Leche	50 ml
Harina	120 g
Gluten	35 g
Avena	60 g
Salvado	20 g
Polvo de hornear	25 g
Sucralosa o stevia	5 g
Esencia de vainilla	1 cdta
Ralladura de	1 limón
Arándanos	100 g

Mezclar primero los ingredientes húmedos, la ralladura de limón, la esencia de vainilla y luego agregar los ingredientes secos cernidos previamente.

Mezclar hasta homegeneizar la preparación.

Finalmente agregar los arándanos.

Llenar los pirotines hasta 1 cm antes del borde.

Cocinar a 180º C durante 25 minutos.

Muffin de Calabaza

Sucralosa o stevia	6 g
Canela	1 cdta
Huevos	2
Esencia de vainilla	1 cdta
Fructosa	10 g
Polvo de hornear	12g
Puré de calabaza	300 g
Jengibre	5 g
Mantequilla	200 g
Sal	3 g
Harina	180 g
Gluten	50 g
Salvado	30 g
Frosting:	
Mantequilla sin sal	125 g
Queso crema bajo en grasas	125 g
Sucralosa o stevia	3 g
Jugo de	½ naranja
Ralladura de	1 naranja
Semillas de calabaza	45 g

Mezclar la mantequilla pomada, la fructosa, el endulzante e incorporar 2 huevos de a uno.

Añadir 1 cucharadita de esencia de vainilla, el jengibre, la canela y el puré de calabaza.

Agregar a la mezcla de huevos y calabaza los ingredientes secos cernidos de a poco.

Llevar esta mezcla a molde de muffins con pirotines y cocinar en horno a 180° C por 15 minutos aproximadamente.

Para el frosting, mezclar la mantequilla a punto pomada con el queso y el endulzante, la ralladura de naranja y el jugo de media naranja. Colocar en una manga y decorar los muffins.

Terminar con semillas de calabaza.

Muffin de Dulce de Leche

Huevos	4
Aceite neutro	100 ml
Leche	50 ml
Harina	90 g
Gluten	50 g
Avena	60 g
Salvado	20 g
Polvo de hornear	25 g
Cacao	30 g
Sucralosa o stevia	5 g
Esencia de vainilla	1 cdta
Ralladura de	1 limón
Dulce de leche	100 g

Mezclar primero los ingredientes húmedos, luego agregar los ingredientes secos cernidos previamente y mezclar hasta homegeneizar la preparación.

Llenar los pirotines hasta la mitad, colocar dulce de leche y terminar de llenar hasta 1 cm antes del borde.

Cocinar a 180° C durante 25 minutos.

New York Cheese Cake

Base:

Migas de galleta integral sin azúcar	200g
Mantequilla sin sal derretida	125 g

Relleno:

Queso crema bajo en grasas	400 g
Ricota descremada	250 g
Yogur neutro descremado	200 ml
Sucralosa o stevia	6 g
Almidón de maíz	30 g
Esencia de vainilla	1 cdta
Ralladura de limón	2 cdas
Huevos	3
Jugo de limón	2 cdtas
Fructosa	20 g
Frutos rojos frescos	200 g

Mezclar las migas de galleta y la mantequilla fundida.

Colocar la mezcla en la base de un molde de tartas y hornear a 175° C durante 10 minutos.

Licuar los quesos, el yogur y añadir el endulzante, el almidón de maíz, la esencia de vainilla, los huevos y el jugo de limón.

Colocar la crema sobre la base de galletitas y hornear a 200° C durante 10 minutos.

Luego bajar la temperatura del horno a 100° C y seguir cocinando otros 25 minutos.

Apagar el horno y dejar la tarta dentro durante una hora. Decorar con unos frutos rojos frescos.

Ojitos

Masa:

Aceite	150 ml
Leche descremada	200 ml
Yemas	3
Harina	140 g
Féculade maíz	160
Leche en polvo	85 g
Salvado	35 g
Sucralosa o Stevia	8 g
Ralladura de	1 limón
Esencia de vainilla	½ cdta

Jalea:

Manzanas con cáscara	2
Sucralosa	2 g
Gelatina sin sabor	5 g
Mermelada sin azúcar frutilla	50 g

Mezclar todos los ingredientes en un bol hasta formar la masa.

Armar cilindros de 4 cm de diámetro. Cortar rebanadas de 2 cm de espesor. Hacer con el pulgar un hueco sin agujerear la masa. Cocinar a 180º C durante 10 minutos. Retirar del fuego y colocar jalea en el hueco. Hornear 10 minutos más.

Para la jalea, cortar la manzana lavada con cáscara y semillas, colocarla en una cacerola y cubrirla con agua fría. Llevar al fuego. Cocinar hasta que las manzanas estén bien blandas.

Retirar del fuego, y colar la preparación dejando pasar todo menos la cáscara y las semillas. Volver a poner en la cacerola, cocinar y dejar reducir. Retirar del fuego y agregar la gelatina en forma de lluvia para disolver la mermelada. Reservar en heladera.

Una vez frío colocar en una manga y rellenr los huecos de los ojitos.

Pan de Banana

Huevos	3
Aceite	50 ml
Yogur neutro	70 ml
Harina	130 g
Leche en polvo	60 g
Salvado de trigo	30 g
Polvo de hornear	20 g
Bananas maduras	2
Nueces	100 g
Sucralosa o stevia	2 g

Colocar en un bol el aceite, los huevos, el yogur, la banana pisada y mezclar.

Agregar los ingredientes secos previamente cernidos y mezclar hasta integrar todo.

Incorporar los frutos secos.

Verter la preparación en un molde aceitado y enharinado y cocinar a 180º C durante 40 minutos.

Dejar enfriar y desmoldar.

Terminar de enfriar sobre una rejilla.

Pan Dulce

Harina	270 g
Gluten	100 g
Salvado de trigo	30 g
Aceite de arroz	70 ml
Agua	230 ml
Sucralosa o stevia	8 g
Levadura fresca	25 g
Ralladura de	½ naranja
Ralladura de	½ limón
Esencia de vainilla	1 cdta
Nueces	80 g
Almendras tostadas	70 g
Pasas de uva	60 g
Dátiles	50 g

Disolver la levadura en el aceite y el agua, agregar los ingredientes secos y el endulzante, amasar durante 15 minutos e ir agregando las ralladuras.

Finalmente agregar los frutos secos, las pasas y los dátiles.

Colocar la masa en papeles de panettone de 500 gramos y dejar levar hasta que duplique su volumen.

Cocinar a 180º C durante 40 minutos.

Pavlova

Claras	200 g
Maltodextrina	150 g
Polidesxtrosa	50 g
Sucralosa o stevia	3 g
Ralladura	½ limón
Crema:	
Leche descremada	400
Fécula de maíz	20 g
Huevo	1
Sucralosa o stevia	4 g
Queso tipo philadelfia light	50 g
Frutos rojos a elección	200 g
Jugo	1 limón
Sucralosa o stevia	2 g

Batir a máxima velocidad las claras, la maltodextrina, la polidextrosa y el endulzante hasta que queden firmes, antes de apagar agregar la ralladura de limón y batir 10 segundos más.

Retirar de la batidora y armar sobre una chapa levemente aceitada las canastas utilizando una manga pastelera con pico liso haciendo un círculo concéntrico primero y luego 2 anillos encima para lograr los bordes. Armar 4 canastos y cocinar a 60° C hasta que esté listo (seco).

Para la crema pastelera, hervir la leche y en un bol colocar el resto de los ingredientes. Batir con batidor de alambre para integrar los ingredientes, agregar una parte de la leche hirviendo para templar, batir levemente y volver la preparación. Revolver con una cuchara de madera hasta que comience a espesar. Retirar del fuego y agregar el queso hasta integrarlo.

Por otro lado macerar los frutos rojos con jugo de limón y endulzante. Para el armado, rellenar los canastos con un poco de la crema y luego agregar los frutos rojos macerados con su jugo.

Stollen

Cardamomo en polvo	1 cdta
Canela y nuez moscada	1 cdta
Pasas de uva negras	100 g
Mantequilla a temperatura ambiente	90 g
Aceite	90 ml
Huevos	3
Sal fina	3 g
Harina	230 g
Gluten	80 g
Leche en polvo descremada	80 g
Salvado de trigo	30 g
Fécula de maíz	30 g
Miel	40 g
Leche	120 ml
Pasas de uva rubia	100 g
Miel	1 cdta
Levadura fresca	30 g

Colocar en un bol la leche, la levadura, la miel y una cucharada de harina, mezclar y dejar reposar 15 minutos.

En un bol más grande colocar los ingredientes secos, la preparación realizada anteriormente, los huevos, la miel, la sal y las especias.

Unir los ingredientes, incorporar luego la mantequilla pomada y el aceite sin dejar de amasar hasta unirlos.

Colocar la masa sobre la mesada espolvoreada con harina y amasar hasta formar un bollo.

Dejar reposar en un lugar cálido hasta que duplique su volumen.

Remojar las pasas de uva rubias y negras en jugo de naranja.
Para el armado, una vez que la masa duplico su volumen desgasificar y estirar con las manos levemente enharinadas.

Colocar las pasas de uva coladas y enrollar.

Cortar el stollen en porciones de 200 gramos cada una y colocar en moldes.

Dejar reposar en un lugar cálido durante 30 minutos.

Pasado el tiempo de reposo pintar con mantequilla fundida y hornear a 180° C durante 25 minutos.

Strudel

Masa:

Harina	140 g
Gluten	62 g
Salvado de trigo	30 g
Agua tibia	100 ml
Huevo	1
Aceite	30 ml

Relleno:

Manzana granny Smith	600 g
Nueces	45 g
Pasas	20 g
Canela	6 g
Jugo de limón	15 ml
Sucralosa o stevia	2 g

Armar la masa uniendo todos los ingredientes.

Una vez formada envolver en nylon de cocina y dejar reposar durante 20 minutos.

Para el relleno, cortar las manzanas peladas en rebanadas bien fínas y colocarlas en un bol, agregar la canela, el endulzante, las nueces, las pasas y el jugo de limón.

Para el armado, estirar bien la masa sobre una mesada enharinada lo más fino posible.

Agregar el relleno en el centro, enrollar el Strudel.

Pintar con huevo batido y cocinar a 190º C hasta que la masa esté dorada.

Tarta de Chocolate y Almendras

Harina	80 g
Leche en polvo descremada	50 g
Fécula de maíz	50 g
Aceite	50 ml
Agua	50 ml
Polvo de hornear	10 g
Sucralosa o stevia	5 g
Mousse:	
Cacao	35 g
Chocolate sin azúcar	70 g
Leche descremada	200 ml
Gelatina	
Sucralosa o stevia	4 g
Almendras tostadas	35 g
Claras	3
Crema de leche baja en grasas	150 ml
Almendras tostadas	15 g
Chocolate	15 g

Para la masa, mezclar todos los ingredientes en un bol hasta formar una masa amasable.

Forrar el fondo de una tartera de 22 cm de diámetro y colocar en el freezer durante media hora. Hornear a 180° C hasta que los bordes de la base tomen color.

Para el mouse, colocar la gelatina, el chocolate picado, el cacao y el endulzante. Agregar la leche hirviendo y revolver con batidor de alambre hasta integrar todos los ingredientes. Una vez integrados incorporar las almendras picadas.

Batir las claras a punto nieve e incorporar al mousse de chocolate, finalmente incorporar la crema batida. Poner el mousse en la tortera y llevar a la heladera hasta que solidifique. Decorar con chocolate rallado y almendras tostadas picadas.

Tarta de Frutos Rojos Sin Gluten

Masa:

Harina de arroz	100 g
Fécula de maíz	100 g
Leche descremada en polvo	70 g
Agua fría	80 ml
Aceite	70 ml
Sucralosa o stevia	5 g
Polvo de hornear	5 g
Ralladura de	1 limón

Relleno:

Leche descremada	600 ml
Fécula de maiz	35 g
Sucralosa o stevia	5 g
Esencia de vainilla	1 cdta
Huevo	1
Yema	1
Frutillas frescas	400 g
Frambuesas	100 g
Arándanos	50 g
Moras	50 g
Jugo	1/2 limón
Sucralosa o stevia	1g

Unir todos los ingredientes hasta formar una masa amasable. Estirar la masa sobre una mesada enharinada con fécula de maíz y forrar una tartera de 24 cm de diámetro dejando un borde de unos 5 cm de altura.

Refrigerar al menos 45 minutos antes de hornear.

Hornear a 180° C durante 15 minutos hasta que sus bordes estén dorados.

Para el relleno, hervir 500 ml de leche en una cacerola. En un bol colocar la fécula de maíz, el endulzante, el huevo , la yema y los restantes 100 ml de leche. Integrar los ingredientes con batidor de alambre.

Cuando la leche empieza a hervir incorporarla en el bol para templar la preparación.
Volver toda la preparación al fuego y con cuchara de madera revolver hasta que espesar.

Retirar del fuego a una asadera y cubrir con papel film. Llevar a la heladera.

Retirar de la heladera y agregar la esencia de vainilla y la ralladura de limón.

Cortar las frutillas, el resto de las frutas no.

Colocarlas en un bol con el jugo de limón y 1 gr de endulzante.

Revolver con espátula de goma.

Colocar sobre la masa la crema, y encima las frutas.

Tarta de Manzana Sin Gluten

Masa:

Harina de arroz	100 g
Fécula de maíz	100 g
Leche descremada en polvo	70 g
Agua fría	80 ml
Aceite	70 g
Sucralosa o stevia	8 g
Polvo de hornear	5 g
Ralladura	1 limón

Relleno:

Manzana Granny Smith pelada	1000 g
Fécula de maíz	25 g
Sucralosa o stevia	5 g
Nueces	60 g
Fructosa	65 g
Canela	5 g

Unir todos los ingredientes hasta formar una masa.Estirar la masa sobre una mesada enharinada con fécula de maíz y forrar una tartera de 24 cm de diámetro, dejar 5 cm de borde. Cocinar la masa en horno a 180º C durante 15 minutos hasta que sus bordes estén dorados.

Para el relleno, quitar el centro de las manzanas y cortar al medio. Filetear las manzanas y reservando las más lindas. Cocinar las manzanas con el endulzante en una olla a fuego medio hasta que empiecen a ablandarse sin llegar a ser puré.

Disolver la fécula de maíz en agua fría y agregar a la olla. Cocinar hasta que espese. Colocar la preparación sobre la masa pre cocida y decorar con las manzanas fileteadas. Hornear a 180º C durante 15 minutos.

Una vez fría decorar con nueces y canela. Hacer un caramelo con la fructosa directamente en el sartén hasta que empiece a tomar color. Finalmente agregar el caramelo sobre la tarta.

Tiramisú

Bizcochuelo:

Huevos	5
Clara	1
Leche en polvo descremada	70 g
Fécula de maíz	30 g
Sucralosa o stevia	5 g
Esencia de vainilla	1/2 cdta

Relleno:

Leche descremada	125 ml
Queso crema bajo en grasas	170 g
Crema doble baja en grasas	350 ml
Café de buena calidad	200 ml
Gelatina sin sabor	8 g
Sucralosa o stevia	5 g
Cacao amargo	15 g

Batir los huevos y le clara en batidora a máxima velocidad junto con el endulzante y la esencia de vainilla. Incorporar fuera de la batidora los ingredientes secos previamente cernidos.

Hornear a 180º C en un molde de 20 cm de diámetro hasta que pinchando el centro del bizcochuelo con un palillo este salga limpio. Retirar del horno y dejar enfriar.

Para la crema disolver la gelatina en la leche a punto hervor con batidor de alambre para disolver bien, agregar 50 ml de café tibio. Agregar el queso crema y la vainilla. Batir la crema e incorporar a la preparación

Cortar el bizcochuelo al medio, mojar con la mitad del café y colocarlo en la base de la tortera, agregar la crema, tapar con la otra mitad del bizcochuelo, mojar con el resto del café.

Cernir el cacao y llevar a la heladera hasta que esté firme.

Torta de Arena

Mantequilla	100 g
Aceite	100 ml
Ralladura de limón	1 Unidad
Almidón de maíz	200 g
Sucralosa o stevia	5 g
Leche en polvo descremada	100 g
Huevo	4
Jugo	1 limón
Polvo de hornear	20 g
Glaseado:	
Chocolate	150 g
Leche	70 ml

Batir la mantequilla con el endulzante y perfumar con la ralladura de limón.

Incorporar los 4 huevos uno por uno y continuar batiendo, añadir el jugo de 1 limón.

Tamizar los ingredientes secos y agregar al batido de a poco hasta homogeneizar.

Colocar la masa en un molde con rocío vegetal llevándola hasta los bordes.

Hornear durante 35 a 40 minutos a 175º C.

Retirar del horno, dejar entibiar y desmoldamos para glasear. Para glasear picar el chocolate y colocarlo en un bol.

Verter la leche hirviendo revolver hasta homogeneizar el baño.

Bañar sobre una rejilla.

Torta de Naranja y Chocolate

Harina de arroz	45 g
Fécula de maíz	10 g
Leche en polvo descremada	20 g
Cacao	10 g
Aceite	10 ml
Huevos	1
Leche descremada	40 ml
Polvo de hornear	10 g
Sucralosa o stevia	3 g
Ralladura de	1 naranja
Crema:	
Jugo de naranja exprimido y colado	550 ml
Jugo de limón exprimido y colado	55 ml
Agua fría	100 ml
Fécula de maíz	30 g
Ralladura	1 naranja
Gelatina sin sabor	10 g
Crema de leche reducida en grasas	150 g
Sucralosa o stevia	5g
Chocolate sin azúcar	50 g
Leche hirviendo	30 g

Mezclar todos los ingredientes en un bol e integrarlos hasta lograr una mezcla homogénea. Aceitar y enharinar la base de una tortera desmontable de 22 cm de diámetro. Colocar la masa en ella. Hornear 6 minutos a 180° C. Retirar del horno y colocar en la heladera.

Para la crema, llevar el jugo de naranja, el endulzante, la fécula de maíz al fuego directo en una olla y revolver con batidor de alambre hasta que comience a espesar.

Cocinar durante 20 segundos y agregar en forma de lluvia la gelatina sin sabor y disolver utilizando batidor de alambre hasta disolver por completo la gelatina.

Retirar del fuego, agregar el jugo de limón, la ralladura de naranja y el agua fría. Llevar a la heladera unos 10 minutos.

Batir la crema e incorporar a la preparación de naranja. Llenar la tortera y llevar a la heladera por 3 horas.

Para el baño picar el chocolate y verter la leche hirviendo, mezclar hasta unir ambos ingredientes.

Bañar la torta sin desmoldar y llevar nuevamente a la heladera hasta que la salsa solidifique.

Torta de Ricota con Salsa de Ciruelas

Harina	100 g
Salvado de trigo	50 g
Aceite	50 ml
Sucralosa o stevia	2 g
Agua	50 ml
Relleno:	
Ricotta descremada	600 g
Claras	3
Queso crema bajo en grasas	100 g
Ralladura	1 limón
Sucralosa o stevia	4 g
Leche descremada	100 ml
Fécula de maíz	30 g
Salsa:	
Ciruelas	200 g
Agua	200 ml
Ralladura	1 limón

Para la masa, mezclar todos los ingredientes hasta formar una masa amasable.

Dejar reposar y luego estirar un disco de 22 cm de diámetro.

Para el relleno, licuar o procesar todos los ingredientes menos las claras.

Batir las claras a punto nieve. Mezclar con la crema de ricota.

Cocinar en horno a 160º C durante 30 minutos.

Para las ciruelas, descarozarlas y cortarlas en cuartos, y llevarlas a fuego bajo con la ralladura de limón y cocinar hasta reducir el agua y las ciruelas se deshagan y estén tiernas.

Servir la torta con un poco de compota.

Trufas

Bizcochuelo sin azúcar (ver receta) desmenuzado	1
Leche descremada	100 g
Dulce de leche sin azúcar	100 g
Almendras picadas	50 g
Nueces picadas	50 g
Baño:	
Chocolate sin azúcar	150 g
Leche descremada	90 ml

Colocar todos los ingredientes en un bol y mezclar hasta integrar bien.

Armar bolas de aproximadamente 30 g.

Para el baño, picar el chocolate y colocarlo en un bol, cubrir con la leche hirviendo.

Dejar reposar y mezclar los ingredientes hasta homogeneizar la preparación.

Pinchar con un palillo de brochette las bolitas y sumergir, escurrir y colocar pinchando el extremo limpìo en una plancha de corcho blanco para dejarlas acentar.

Made in the USA
Las Vegas, NV
14 March 2023

69096995R00039